Stade
Blick aus dem CHINA-RESTORANT
auf die Kleine Schmiedestraße
78

Hudemann / Hudemann-Schwartz / Jank · Stade

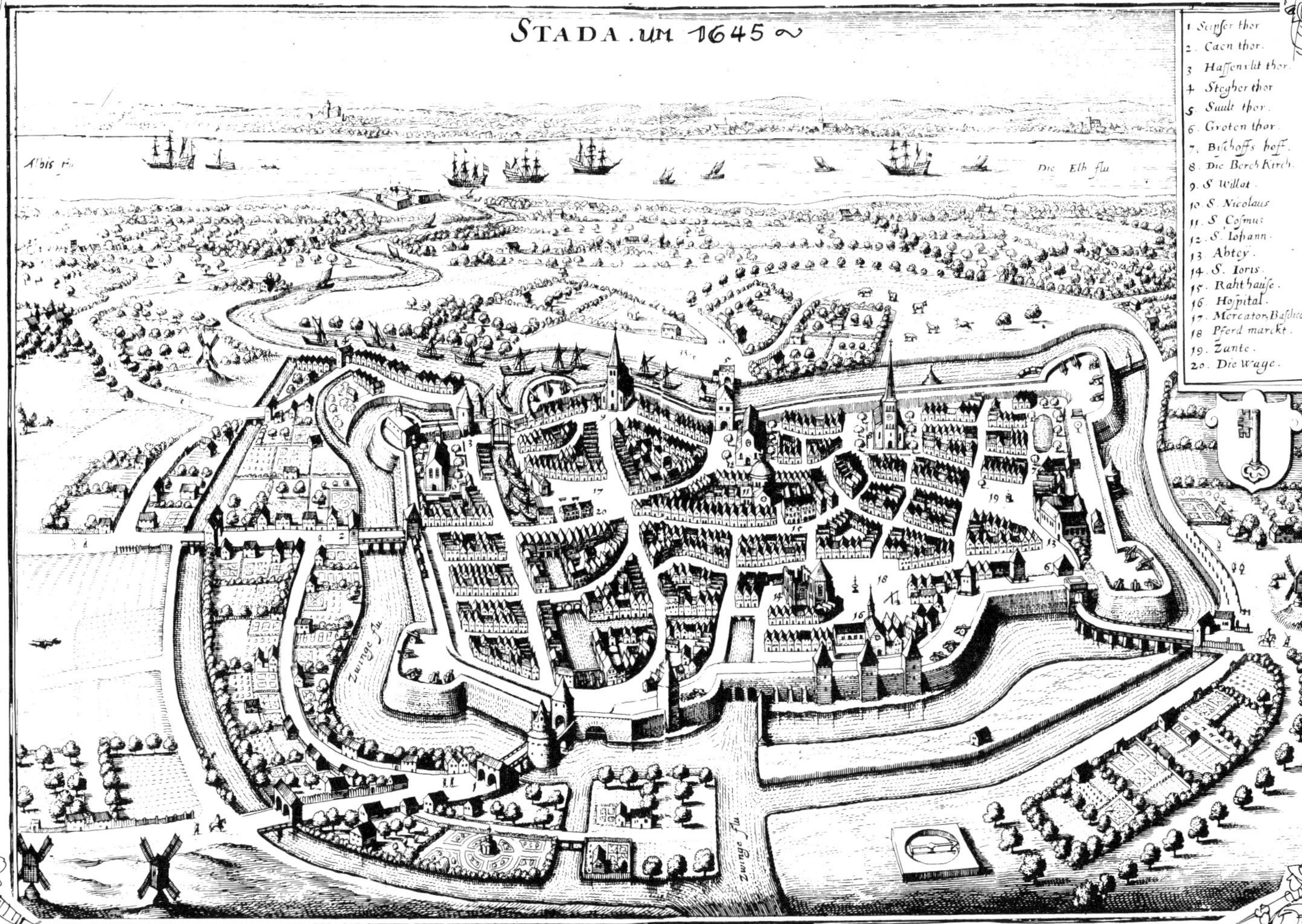

DEUS RES PENITUS DESPERATAS DONARE ET CONSUMMARE VIRTUTIS SUAE MAGNITUDINE POTEST *

*Gott kann völlig verzweifelte Lagen schaffen, uns aber dank seiner großen Güte wieder daraus erlösen ~ (Inschrift über der Eingangstür Zimmer 1 im Stader Rathaus.)

(Ober manchmol kunn' ik Em nich begriepen. ~ x)

Hildegard Hudemann · Christel Hudemann-Schwartz · Martin Jank

STADE

HANS CHRISTIANS VERLAG

Am Wasser Ost
24
Anlieger frei
zu Stade
Ecke
Am Wasser Ost u. Baumhausstraße
1978

Stade: 42000 Einwohner, größte Stadt zwischen Hamburg und Cuxhaven, auf Salz gebaut wie Lüneburg, mit bedeutender Industrie (Saline, Chemie, Aluminium). Eine Neustadt wie jede andere. Aber schön wie Lübeck, Goslar und Bremen, wenn man im grünen Wallring die Altstadt entdeckt und auf Schritt und Tritt Vergangenheit spürt. Stade war Steinzeitsiedlung am Steilufer des Urstromtales Elbe, Kulturstätte in der Bronzezeit, besiedelt von Chauken und Sachsen, Handelsplatz am Ge-stade der Elbe, Burg gegen Überfälle der Normannen von See, Bischofshof, Hansestadt und Schwedenfestung.

Vergangenheit lebt in Straßennamen: Am Säbelberg, Salzstraße, Pottwärder, Reeperbahn, Lämmertwiete, Hökerstraße, Königsmarck-Bastion, Kohlpott. Und in alten Gesellschaften: der Schiffer- und Kaufleute-, Rosenkranz- und Gotteshülfe-Brüderschaft, der St. Pancratii-

und St. Antonii-Brüderschaften, der Brauerknechtsgilde, der bremischen Ritterschaft. Stade wurde oft erobert: Schweden, Dänen, Franzosen, Russen kamen bewaffnet. Die Hamburger Zeichnerin Hildegard Hudemann und ihre Tochter Christel kamen mit Klappstuhl und Zeichenblock, Feder und Farbe und entdeckten Stade friedlich, fanden verschwiegene und verborgene Romantik und skizzierten die Stader Altstadt mit ihren Menschen an irgendeinem Tage des Jahres 1978.

Ein Kiekeberg an der Schwinge

Mit dem Spiegelberg drängt sich Stade ins Elbetal. Er müßte eigentlich Späherberg heißen. Die Stader Grafen, die hier um 1000 n. Chr. ihre Burg errichteten, konnten Seeräuber und Normannen schon erspähen, wenn sie von der Elbe in die Schwinge segelten.

Von der Burg ist nichts mehr zu sehen, der kleine dreieckige Platz ist ringsum bebaut. Eine Oase der Stille, die man auf Gassen und Kopfsteinpflaster erreicht: auf der Bürger- und Burgstraße vom Alten Hafen her. Oder vom neuen Hafen über die ehemalige Burg-Bastion.

Die Grafen hatten ihre eigene Kapelle, aus der schon im 12. Jahrhundert die Burgkirche St. Pancratii wurde. Feuer zerstörte sie 1659. Trotz Wiederaufbaus wurden die letzten Grundmauern hundert Jahre später abgebrochen, weil sie den Schildwachen den Blick versperrten. Am 6. Dezember 1978 wurde ein Teil des Kirchhofes hinter dem Hause Spiegelberg 19 freigelegt. Am wiederaufgebauten Pfarrhaus erinnert eine Bronzetafel: „Hier stand die ‚herrliche Burg' der Grafen von Stade und Heinrichs des Löwen. Hier suchte der Herzog 1181 Zuflucht, residierte sein Sohn Heinrich, starb die Hohenstaufin Agnes (1204)). Der Freiheitsinn der Bürger zerstörte die Burg." Heinrich der Löwe ließ Stade im 12. Jahrhundert umwallen und ummauern und machte damit die alten Siedlungskerne – Grafenburg, Hafen und Kaufmannssiedlung – zur Stadt. Stade war damals größer als Hamburg.

Unterhalb der Cosmaekirche lag im Mittelalter das Johanniskloster, eine der drei Stader Ordensgemeinschaften. Das dreiflügelige Fachwerkhaus zwischen Beim Johanniskloster und der Johannisstraße ist letzter Bauzeuge aus der Zeit, als bärtige Franziskaner in den kleinen Zellen lebten. Die Minnerbröder oder Barfüßer dieses Bettelordens befolgten die Armutsregel des Heiligen Franz von Assisi. Bis vor wenigen Jahren Altersheim, soll das historisch wichtige Gebäude restauriert werden; denn hier lebte nach einer Inschrift auf einer Steintafel 1240-1263 der berühmte Abt Albert von Stade.

Weltchronist und Reiseführer: Abt Albert

Der geistliche Reiseführer Albert hat Stade im Mittelalter literarisch bekannt gemacht. Im Johanniskloster entstand seine Weltchronik von der Schöpfung bis zur Regierung Kaiser Friedrichs II. (1220-50), die „Stader Annalen". Außerdem verfaßte der reitende Rompilger das Stader Itinerar, ein Wanderbüchlein für Romreisende, und auch einen Reiseführer nach Jerusalem. Die Reisedaten sammelte Albert auf seiner Romfahrt im Jahre 1236, als er noch im Benediktinerkloster St. Marien im Stader Vorort Campe diente. Aber Zucht und Sitte seiner Ordensbrüder hatten bedenklich nachgelassen. Abt Albert wollte deswegen beim Papst (Gregor IX.) vorstellig werden. Der Heilige Vater sollte zustimmen, daß St. Marien den strengeren Zisterziensern unterstellt würde.

Alberts Romreise ging zunächst über die Elbe nach dem dänischen Schleswig-Holstein. Dort beschaffte er sich ein tüchtiges Reitpferd und ritt von Kloster zu Kloster über Zeven, Bremen, Wildeshausen, Vechta, Bramsche südwärts. Der Hinweg führte ihn durch das Rheintal und über den St.-Gotthard-Paß in die Po-Ebene und nach Rom, rund 1900 Kilometer. An seinem Reiseziel hatte der Abt keinen Erfolg. Aber in den Klöstern notierte er sorgfältig, wie weit es in deutschen, französischen und schweizer Meilen bis zum nächsten Kloster zu gehen oder zu reiten war. So beschrieb er nicht nur seinen eigenen Hin- und Rückweg, sondern auch eine dritte Route; denn auch damals führten schon viele Wege nach Rom, der längste von 2317 Kilometern in 116 Etappen über den Mont Cenis und ein kurzer von 1736 Kilometern in 76 Etappen über den Brenner.

Albert kleidete seinen lateinischen Reiseführer in einen Dialog der Mönche Tirri und Firri. Tirri gibt nicht nur Meilenzahlen, sondern auch gute Ratschläge:

„Am besten, du reisest Mitte August. Dann sind die Lüfte warm, die Wege trocken, die Flüsse seicht. Die Tage sind lang genug zum Wandern und die Nächte zum Ruhen, und in den Scheunen findest du frische Früchte."

Nach der Heimkehr zog Albert die schwarze Kutte der Barfüßer an. „Dat Closter der minneren bröder tho Stade" wurde nach der Reformation in ein Armenhaus umgewandelt.

Der große Stadtbrand im Jahre 1659 zerstörte es, nur die Wohntrakte wurden wieder aufgebaut.

Daht hus vor dhen rat

Das Stader Rathaus gehört in seinen Grundfesten aus dem 13. und 15. Jahrhundert zu den ältesten städtischen Rathäusern Deutschlands. So wie es jetzt dasteht, breit, zweigeschossig, mit horizontal betonten großen Fensterreihen und dem an Zierat reichen Sandsteinportal, ist es ein Frühwerk flämischen Barocks. Die Stader nennen es ihr schönstes weltliches Bauwerk. Unter ihren Denkmalen aus der Schwedenzeit (1645–1712) ist es von überragender Architektur. Das Rathaus liegt zwischen dem Fischmarkt, der Urzelle des Handelsplatzes (Wik), und dem Pferdemarkt „am Berge" etwa auf halber Höhe und ist vom Hafen gut 200 Meter entfernt. Aber dieser Weg hat es in sich. Auf der Hökerstraße, wo vor hundert Jahren eisenbereifte Räder der Pferdefuhrwerke über Kopfsteinpflaster bergan polterten und bis vor wenigen Jahren Laster auf leisen Gummisohlen, aber mit lauten Motoren an den Hauswänden lärmten, entstand eine Fußgängerzone mit Schaukästen und Ruhebänken. Diese hübsche Ladenstraße setzt sich durch die Sattelmacherstraße und

~ 1979: Stader Stadtverfassung 700 Jahre alt

am Pferdemarkt vorbei zur Holzstraße fort und schließt auch einen Teil der großen Schmiedestraße und die Goos (= Gosse) ein.

Als der Stader Rat im Jahre 1279 sich in seinem „Silbernen Codex" (Codex = Gesetzbuch) die erste Verfassung gab, stand das gotische Rathaus schon. In Anbauten waren die Fleischerschrangen (= Verkaufsstände) und die Ratsweinstuben untergebracht. Mit der ganzen Ostseite der

Hökerstraße ging auch das Rathaus durch den großen Stadtbrand 1659 verloren. 1667 wurde das neue Rathaus über den gotischen Gewölben erbaut.

Das Stadtwappen über dem Portal wird fast erdrückt von dem großen, von Löwen gehaltenen schwedischen Landeswappen mit der Krone Carls XI. (1660–97). Über den Symbolfiguren der Wahrheit und der Gerechtigkeit in Verwaltung und Justiz schwebt Götterbote Merkur als Sinnbild für Handel und Wandel.

Die Innenhalle überrascht mit barocker Handwerkskunst und Phantasie. Zwei breite Holztreppen vereinen sich zur Mitteltreppe, eingerahmt durch eine dreibogige Portalwand. Mit ihren gedrechselten Geländersprossen in bauchigen Formen und den Kugelaufsätzen hat sich Ratszimmermeister Andreas Henne ein bleibendes Denkmal gesetzt. Von dem aus Obersachsen stammenden tüchtigen Meister sind auch der kleine Dachreiter auf dem Rathaus und der schöne Cosmae-Kirchturm. Eine ähnliche Turmhaube hatte er nach dem großen Brand für die Wilhadi-Kirche geschaffen. Sie wurde aber 1724 durch Blitzschlag zerstört.

Die Innenarchitektur des Rathauses fällt durch ihre buntbemalten barocken Türrahmen auf. Lateinische Inschriften teilen mit, welchen Zwecken die einzelnen Räume früher dienten. Die große obere Halle lädt zum Betrachten alter Geräte und Bilder ein. Zwei eisenbeschlagene Truhen aus dem 17. Jahrhundert scheinen auf die Flucht zu warten, um wertvolle Urkunden und die Stadtkasse zu retten. Mit würdigen Gesichtern, angetan mit prächtigen Gewändern, blicken von den

Och Fru Farck, nu lopen Se doch nich so dull, de fiedelt nich eher as bis Se dor sünd.

Wänden die Kurfürsten und Könige Hannovers, die gleichzeitig von 1714–1830 Könige von Großbritannien waren: Georg I., II., III., und IV. Im Gang zwischen den Dienstzimmern des Bürgermeisters und des Stadtdirektors und dem großen Ratsaal bringen sich die Stader Vertreter der schwedischen und dänischen Herren in Erinnerung, die Generalgouverneure von Königsmarck, Horn, Dalbergh, Mellin, Gyllenstierna, Wellingk-Sandberg und von Scholten. (Von 1645 bis 1712 wurde Stade von Schweden, 1712 bis 1715 von Dänen besetzt und regiert.)

Sind wir vom vielen Betrachten hungrig und durstig, steigen wir 700 Jahre hinab in die Vergangenheit, in den Ratskeller. Der Eingang ist an der Rückseite, Hinterm Hagedorn. Wir kommen an einem früheren Nebeneingang vorbei, wo eine Sandsteinplatte in lateinischer Sprache über die Baugeschichte des Rathauses berichtet. Übersetzt lautet der Text: „Das alte Rathaus wurde schon vor 1279 gebaut und am 26. Mai 1659 durch Brand zerstört. Mit diesem Rathausbau wurde 1667 glücklich begonnen. Wir beweinen das Alte in der Asche und hoffen, das

Neue und die ganze Stadt mögen viele Jahrhunderte erhalten bleiben."

Vor dem Ratskeller fällt der Blick auf drei Nebengebäude, das ehemalige Ratswärterhaus und zwei Fachwerkgiebel. Hinter ihnen führte einst der Ratsweinkellerhauptmann sein feuchtes Regiment. Er allein durfte in Stade Rheinwein ausschänken und wurde nicht arm dabei.

Als das Rathaus in Schutt und Asche fiel, blieb sein flüssiges Kapital erhalten. Unter den gotischen Gewölben, zwischen den massigen Pfeilern des Kellers lagerten zum Beginn dieses

Jahrhunderts Wein und zuletzt Kohlen (De möt je ok wo afbleben) für die Zentralheizung. Erst nach dem 300. Rathausgeburtstag wurde aus dem Kohlenkeller eine von Würde und Tradition erfüllte Gaststätte mit erlesenen Genüssen aus Küche und Keller. Wünsche gesegnete Mahlzeit!

Im 14. Jahrhundert diente der Keller wohl anderen Zwecken. Wo jetzt Tische und Stühle für Gäste stehen, breiteten damals Tuchhändler und Wandschneider (Die Stoffballen zerschnitten) ihre aus Flandern eingeführten Gewebe aus.

In einem abgetrennten Teil des Kellers, in dem jetzt die Heizzentrale untergebracht ist, war früher die Folterkammer. Die Werkzeuge für peinliche Verhöre werden noch im Schwedenspeicher-Museum gezeigt.

700 Häuser brannten nieder

Bei dem großen Brand, der am 26. Mai 1659, elf Uhr mittags begann, sollen 700 Häuser und Nebengebäude zerstört und zwei Drittel der Bürgerschaft obdachlos geworden sein. Er brach im Dorf Campe aus. Ein schwedischer Reiter hatte durch einen Schuß das Strohdach des Dorfkruges angezündet. Im Nu stand das Dorf in hellen Flammen, und Südwind trieb den Funkenflug in die Stadt. Ein strohgedecktes Fuhrmannshaus am südlichen Ende des Sandes fing zuerst Feuer. Die Katastrophe war da: Vier Kirchen, vier Orgeln, 20 Kirchenglocken, das Rathaus mit dem Stadtarchiv und Nebengebäuden, das Eimbecksche, Belgische, Englische und Hessenhaus, Kran, Bauhof, Börse und Salztor wurden zerstört. Eine ähnliche Katastrophe traf die Stadt nur noch durch die dänische Belagerung 1712. Von den Bomben des zweiten Weltkrieges blieb sie verschont.

aben Sie schon gehört, wir
ollen ja jetzt hier auch ein
ros-Center herkriegen."
So, das interessiert mich nicht,
ch kauf' weiter bei Edeka."
ORIENTTEPPICHHAUS
SINGER
SINGER
näh
EDE
Liebe Stader!
Ihr habt so eine schöne olle Stadt, aber
Eure pompösen Glaskugelstehlantüchten
im Fußgängerviertel verkäupt man no
Baden-Baden und stellt da die schönen alten
Laternen hin wie am Alten Hafen. Gruß H.H.
Hökerstraße
Sommer 78

Hökerstraße

Der Name ist ein Stück Stader Mittelalter. Hier in der Nähe des Fischmarktes ließen sich Höker und Kramer nieder, zuerst wohl in zweigeschossigen Holzbuden. Aus Hökern, die ihre Waren huckepack trugen, und Kramern, die überdachte Stände hatten, entwickelte sich der angesehene Kaufmannsstand der Hansezeit.

Seine alten Backsteinhäuser mit den gotischen Treppengiebeln wie in Lüneburg sucht man vergeblich. Was beiderseits der Hökerstraße steht, ist Neuzeit der letzten 300 Jahre. Unter den gepflegten Bauten aus dem 17. bis 19. Jahrhundert fallen einige charakteristische Kaufmannshäuser auf wie das schöne Fachwerk-Giebelhaus Nr. 29, die Rats-und

PPENHAUS IN DER
EN-APOTHEKE, STADE
DEMANN-SCHWARTZ, 78

Einhornapotheke Nr. 17 und die Löwen=apotheke Nr. 37 mit einem besonders schönen Treppenhaus.

Die Hökerstraße ist die Lebensader der mittelalterlichen Stadt. In ihren Nebenstraßen ließen sich Handwerker nieder: Bäcker, Sattelmacher und Schmiede.

In der Nähe des Rathauses wohnten die angesehensten Familien. Das Haus Nr. 5 kaufte Reiner Lange aus Bremen. Er war 1587 der erste Direktor der Stader Gelehr=tenschule, die den flämischen und wal=lonischen Glaubensflüchtlingen zuliebe den Namen Athenäum erhielt und sogar in Hamburg einen guten Ruf genoß.

In der Zeit der neuen Stader Wirtschafts=blüte, als sich englische Tuchhändler (mer=chant adventurers = wagemutige Kaufleute) nach Streit mit der Hanse in Stade nie=derließen, wurde Reiner Lange Syndikus und Bürgermeister. Stade verdankt ihm viel. Dreimal reiste er nach London und zweimal nach Wien zum Kaiser, um das Privileg des englischen Tuchhandels für Stade zu retten. Aber er erntete Undank. Man warf ihm vor, sich persönlich bereichert zu haben. Als er starb, erwies sich das Gegenteil. Seine verarmte Witwe mußte das Haus verkaufen. Es ging in den Besitz der Kannengießer-Familie Nodop über. Ihr Zeichen, eine geschnitzte Kanne, ist am Hausbalken noch zu sehen. ~

Im Holzhafen
Oktobertag 78
STADE

Schiefer Turm von Stade

Auf den ersten Blick scheinen die spitzen Giebel der Flutstraße (die bis 1897 Flohstraße hieß) vornüberzukippen. Aber nicht die Häuser, der Kirchturm von Wilhadi ist schief, genau 145 Zentimeter aus dem Lot. Keine Angst: Der schiefe Turm von Stade hängt schon seit Jahrhunderten, aber er stürzt nicht. Schuld hat der heilige Willehad.

Dieser aus Nordengland stammende Missionar wurde im Jahre 787 von Karl dem Großen als erster Bischof von Bremen geweiht und mit der Heidenmission im Norden betraut. Stade war sein Sprungbrett.

Nach der nicht bewiesenen Überlieferung ließ er an Stelle eines heidnischen Heiligtums der Sachsen eine Taufkapelle errichten. Daraus wurde später Stades älteste Pfarrkirche. Aber die heidnische Quelle sprudelte weiter und spülte den Boden aus, die Kirche kam ins Rutschen. Der wuchtige vierkantige Backsteinturm ist schon im 13. Jahrhundert gebaut worden. Wenn er in der Abendsonne glüht, scheinen die roten Steine einen Teil des Feuers wieder auszustrahlen, das sie einst aus dem Ton der Elbe zu Backstein brannte. Der Turm der gotischen Hallenkirche

St. Wilhadi 1674

wirkt romanisch, wuchtig und erdenschwer. Vor 400 Jahren hatte er noch eine schlanke Spitze und war mehr als doppelt so hoch wie jetzt. 1668 erhielt er eine „welsche Haube", ei= nen barocken Turm mit drei Bäuchen: über dem mittleren die Glockenla= terne.

Beim Bombardement der Stadt durch die Dä= nen Anno 1712 traf eine Granate den Turm vollends. Da machten die Kirchege= schworenen kurzen Prozeß: Sie ließen den Backstein= turm um fünf Meter ver= kürzen und setzten ihm ein kurzes Zeltdach auf. Das war eigentlich ein Not= behelf, aber so was hält oft lange. Inzwischen haben sich die Stader an ihre Wilhadikirche mit „Schiffermütze" gewöhnt. Mit dem Cosmae-Kichturm ist sie das Wahrzeichen des Stadtbildes, das sich abends im Wasser des Holzhafens spiegelt, wenn der Besucher von der Salztors-Contrescarpe (Contrescarpe = Gegenwall im Festungsbau) hinüberschaut.

Mit dem Turm vernichtete das Feuer 1659 auch das Inventar: Deshalb gibt es in den Stader Kirchen keine mittelalterlichen Altäre, wie sie Buxtehude besitzt. Aber die hart geschlagene Stadt fand Helfer. Der Kaufmann Claus Wilckens in Hamburg sammelte für St. Wilhadi und stiftete der Kirche Altar und Kanzel. 1735 lieferte Erasmus Bielfeldt aus Bremen eine neue Orgel mit dem barocken Rahmen voller Putten und Engelsköpfe, Posaunenbläser und Harfenisten.

Kleiner Blechkasten mit Holzglut, zum Füßewärmen in der Kirche. Gesche aus dem Alten Land: „Letzt hett mien Kleed füer fungen." – „Un wat hest mookt?" – „Hew dat utpinkelt."

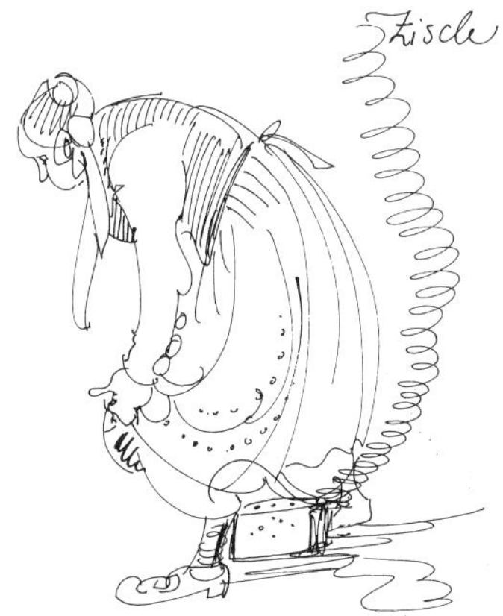

Een lütten Jung sitzt mit Großmutter in der Kirche oben auf dem Rang. Sein Vater predigt. Der Jung' sitzt mucksmäuschenstill und guckt nach unten. Nach der Predigt fragt Großmutter: „Na, wie war's?" „Grootmodder, 30 Glatzen!"

Die Cosmaekirche wird schon im Jahre 1132 als Kapelle der Heiligen Damian und Cosmas in einer Stiftungsurkunde der Stader Grafen für das Georgskloster erwähnt. Cosmas und Damian waren syrische Ärzte und Brüder, denen die Legende die erste Transplantation (eines Negerbeines) der Medizingeschichte zuschreibt. Sie gelten als Märtyrer. St. Cosmae hatte mehr Glück als die Wilhadi-Kirche. Sie behielt ihre barocke Turmhaube und die Arp-Schnitger-Orgel. Außerdem erbte sie den Gertrudenaltar. Der dreiflügelige Schrein aus dem 15. Jahrhundert stand ehemals in der Gertrudenkapelle vor dem Schiffertor. Die Brauerknechte betrachteten ihn als ihren Altar und ließen ihn 1843 restaurieren. Werden die Seitenflügel zugeklappt, sieht man auf einem Gemälde die Heilige Gertrud als Beschützerin der Seefahrer. Sie führt eine Hansekogge, deren Mast und Segel der Sturm zerstörte, ins sichere Wasser.

lick von der Hochgarage
uf Stade. Der Schatten
echts kommt von Hertie.
September 1978
H Hudemann

Bäckerstr. Nr. 21

Bäckerstraße

In der Bäckerstraße hat sich das 16. Jahrhundert erhalten. Das dreigeschossige Traufenhaus Nr. 1 und 2 an der Ecke Hökerstraße ist ein Beispiel des hochkultivierten Fachwerkbaus vor dem 30 jährigen Krieg. Das Gebälk der drei vorkragenden Geschosse ist reich verziert mit geschnitzten Tierköpfen, Tauwerksornamenten, Perlstäben und 26 Halbsonnen über den Fußstreben der Fachwerkständer. Als der Besitzer – damals Kaufmann Ernst Meyer – das Haus 1964 erneuern ließ, entdeckte er einen Hausbalken mit dem Baudatum 1590.

Geschnitzte Knaggenfiguren unter überkragenden Hausbalken sind in Stade selten und nur im Museum und in der Bäckerstraße Nr. 21 zu finden. Knaggen sollen Hausbalken vor dem Durchbiegen und Abrutschen sichern, sie füllen den Winkel zwischen Balken und Ständer und haben meist Konsolenform. Am Hausgiebel in der Bäckerstraße zeigen sie Heiligenfiguren: König David mit der Harfe, Sankt Petrus mit dem Schlüssel und einen Mann mit Halskette und Kurzem Umhang, vielleicht den heiligen Martin von Tours, der seinen Mantel einem Bettler geschenkt hat und im Hemd steht. Die Knaggenfiguren stammen aus dem ältesten Teil des Hauses, das im 16. Jahrhundert gebaut und später erneuert wurde.

Bäckerstr. Nr. 1–3

Schwedenwoche

Alle zwei Jahre holen die Stader ihre Vergangenheit aus dem 17. Jahrhundert in die Gegenwart. Zur schwedischen Woche empfangen sie den schwedischen Botschafter und andere Ehrengäste im Rathaus, dessen Portal junge Stader mit Hellebarden (von Halm = Stiel und Barte = Axt) in der gelben Uniform schwedischer Soldaten bewachen.

Für eine Woche bekommen die Hauptstraßen der Altstadt schwedische Namen, wehen blaugelbe Fahnen an den Häusern, hallt Volksmusik durch die Stadt. Auf schwimmender Bühne im Burggraben wird Mittsommernacht gefeiert, und im Schatten der Flügel der alten Bockwindmühle auf der Insel tanzen Kinder und Erwachsene nach schwedischer Volkstanzmusik.

Das Hahnentor zum Mühlenhof

Wo die Sattelmacherstraße auf die Steile Straße und den Pferdemarkt stößt, hat sich Stades jüngster „Markt", ein großes modernes Warenhaus, vor die Altstadt gesetzt. Es reicht von der Steilen bis zur Stockhausstraße auf dem Grund des ehemaligen Georgsklosters.

Auf der Steilen Straße geht es bergab vom Pferdemarkt, der im Mittelalter noch „auf dem Berg" hieß, bis zum Haus Nr. 25. Das zweigeschossige Traufenhaus hat im Erdgeschoß einen Durchlaß, das Hahnentor. Niemand weiß, woher der Name kommt. Diese Öffnung der Häuserzeile ist älter als das Haus selbst. Schon 1585 hieß sie „Doerweg na den Molenhoff". Stades einziges erhaltenes Tor ist also kein Stadttor, sondern ein Schnellweg zur früheren Stadtmauer und auf das Gelände des einstigen Mühlenhofes, an den noch der Name Kalkmühlenstraße erinnert. Bei der Börne, der Verlängerung der Steilen Straße, lagen früher die Pferdeställe des Rats.

Hochwasser 1894

Böllerschüsse für Sturmflut und Prinzessin

Stades Fleethafen zwischen Fischmarkt und Baumhaus ist das Herz der alten Hansestadt. Bis hier schlägt der Puls der Gezeiten, die beladene Seeschiffe und Frachtewer die Schwinge herauf- und mit Rückfracht wieder hinabtrugen. Von dem lebhaften Getriebe eines mittelalterlichen Hafens ist hier nichts mehr zu spüren. Aber wenn im Sommer Besucher von weither kommen und auf den Uferstraßen staunend stehenbleiben, erleben sie einen Hafenplatz wie vor 300 Jahren, mit altem Holzkran, Stadtwaage und einem den ganzen Platz beherrschenden und nach einer Seite schließenden massigen Proviantspeicher, Stades Schwedenspeicher.

Drei Kanonen drohen vor dem Nordgiebel des backsteinroten Hauses, als wollten sie seinen Inhalt verteidigen. Aber die Mündungslöcher sind zugeschweißt, die Lafetten (= Geschützwagen) mit Eisenbügeln in den Boden betoniert. Stades Kanonen sind nur noch zum Ansehen da. Über 200 Jahre haben sie bei Sturmfluten Böllerschüsse abgegeben. Wenn die dumpfen Detonationen über den Schwingedeich donnerten, mußten im Alten Land die Deichwachen aufziehen. Zuletzt haben die Kanonen am 16. Februar 1962 vor einer großen Sturmflut gewarnt. Seitdem ist die Schwinge gegen hohe Wasserstände durch ein Sturmflut-Sperrwerk geschützt. Hafenmeister im Ruhestand Adolf Gleiss hat die Langrohre mit den Monogrammen G.R. (= Georg Rex, König Georg) bis zuletzt bedient.

Zwischen Schiffertor und Hudebrücke

Die Schwinge hat ihren Namen wohl von den Windungen, in denen sie durch grüne Wiesen zur Stadt fließt. Wenn sie sich durch die Altstadt zwängt, muß sie sich andere Namen gefallen lassen: als angestauter Fluß außerhalb des Wallringes Burggraben, hinter dem Durchlaß beim Schiffertor Schwingekanal oder Fleet und zwischen Hudebrücke und Schwedenspeicher Alter Hafen.

Fleete sind an der ganzen Niederelbe Tidengewässer. Bei Ebbe fallen sie trocken. Dann könnte man im Schlick vom Schiffertor bis zum Baumhaus spazierengehen und Blechdosen, Ködel, Flaschen und anderen Müll sammeln, fleetenkieken sagt man in Hamburg dazu, Stader Kinderspaß seit vielen Generationen bis heute. Innerhalb des ehemaligen Stadtwalls mußte der Fluß allerlei Dienste leisten: Mühlräder antreiben, Pferde und Vieh tränken, Badewasser für mittelalterliche Badevergnügen liefern. Von Staven = Badestuben kommt der Name Stavenbrücke.

In der Rosenstraße führt die Büttelsbrücke über das Fleet. Hier lag einst das Haus des Stadtbüttels.

Das war ein Gerichtsbote, der auch kleine Strafen vollzog. Händler, die ihre Kunden betrogen, mußten sie zur Strafe im Fleet untertauchen.

Bei der Büttelei wurden auch Frauen eingeliefert, die der Hurerei beschuldigt wurden. Nach den strengen Sitten der Zeit war ein uneheliches Kind ein „Hurenkind". 1696 wurde die Tochter eines Leinewebers beim Rathaus an das Halseisen geschlossen, weil sie schon das dritte uneheliche Kind bekommen hatte.

Die Hudebrücke am Alten Hafen ist auf einer Seite mit Häusern überbaut. Hier lag Stades Hude. Das ist ein Uferkai aus Holzpfählen, eine Be- und Entladestelle für Schiffe.

Pottwärder

Wärder oder Werder heißen an der Elbe Inseln. Das Wort ist mit Warft und Wurt verwandt. Pottwärder heißt eigentlich Butenwärder. Buten, außerhalb der Stadtmauern, wurde diese Insel von zwei Schwinge-Armen umspült, dem Mühlenfleet und dem Backeltrog.

Pottwärder
i Stade

KRAN U. STADTWAAGE / STADE
C. HUDEMANN-SCHWARTZ 1978

BLICK AUF DIE HUDE-BRÜCKE, STADE
C. HUDEMANN-SCHWARTZ 1978

„Ein Kilogramm Schwarzpulver brauchte ich für jedes Rohr", weiß er noch, „die stopfte ich mit dem Ansetzer rein und dann Zeitungspapier hinterher, damit es lauter knallte". Wenn er das Pulver in der Pfanne zündete, schoß Sekunden später eine meterlange Feuergarbe aus der Mündung. Drohte das Wasser mehr als zwei Meter über

normalem Hochwasser zu steigen, mußte er in Abständen von einer Minute dreimal schießen.

Mit Salutschüssen wurden Ehrengäste begrüßt wie die Prinzessin von Mecklenburg-Strelitz 1761 und die schwedische Ex-Königin Christine 1667 auf ihrer letzten Reise nach Rom.

Gegenüber dem Schwedenspeicher liegt ein kleines Fachwerkhaus, das Baumhaus-Museum. Das 200 Jahre alte Haus

hatte der Rat vor einigen Jahren schon als baufällig aufgegeben. Maurer Hans-Jürgen Berg kaufte es für eine symbolische Mark und machte sich an die Arbeit. Heute ist es ein Schmuckstück am Alten Hafen, angefüllt mit Altväterhausrat und Stadensien, die Berg zusammengetragen oder ausgegraben hat.

Im Haus ist alles so geblieben, wie es einmal war. Eine Treppe führt nach oben in eine

Die alte Baumbrücke

Puppenstubenwohnung. Unten links vom Eingang war das Dienstzimmer des Baumschließers. Vom Fenster aus konnte er überblicken, was auf dem Wasser los war. Wollte ein Schiffer in den Hafen fahren, mußte der Schließer mit einem kleinen Boot ablegen und den schwimmenden Baum von der Einfahrt wegziehen, der sonst den Hafen gegen ungebetene Gäste versperrte. Im Raum gegenüber hielten sich im 19. Jahrhundert, als es noch keine Eisenbahn gab, Schiffsgäste auf, die auf Abfahrten nach Hamburg oder Glückstadt warteten. Hier durfte der Baumschließer Hamburger Bier ausschenken, Marke „Supp man to"! Für die Seefahrt, die gar nicht immer lustig war, mußte man sich gut verproviantieren. Über eine Reise berichtet ein Chronist:

„Mit letzter Ebbe ging es im offenen Boot dreiviertel Stunde nach Brunshausen, wo bei Zimbrecht Grell (zum Piepen) der erste Halt gemacht und nach Gelegenheit des Wasserstandes auch wohl eingekehrt wurde. Dann weiter, noch eine Viertelstunde durch Schwinge und Binnenelbe abwärts nach Borstels Kalkbrennerei, weil der Stader Sand den direkten Ausgang zur Elbe verhinderte, bis zum Fährschiff. Schiffstreppen gab es nicht. Die Frauen wurden auf nicht eben sanfte Weise an Bord geholt. Alle Segel auf! Unbarmherzig treibt der Schiffer die Passagiere nach unten. War der Wind günstig, kamen die Passagiere in drei Stunden nach Hamburg. Oft erreichten sie aber nur Schulau, mußten dort vor Anker die nächste Tide abwarten und konnten erst nach fünf, sechs Stunden weitersegeln."

Die Gegenreise von Hamburg nach Stade beschreibt am 18. Mai 1773 Georg Christoph Lichtenberg, der berühmte Phsiker und geistreiche Literat aus Göttingen:

„Ich fuhr um drei Uhr von Hamburg auf einem zweimastigen Schiff ab, unsere Fahrt wurde durch die Jahreszeit, den ganz eigenen Reiz der Gegend und das schöne Wetter eine der herrlichsten Wasserfahrten, die sich nur denken lassen. Ich habe in diesen fünf Stunden, glaube ich, sechs Pfeifen Tabak geraucht und dabei englisches Bier getrunken, wozu ich meinen Schiffer einlud, der darüber so treuherzig wurde, daß er drei Kanonenschüsse tat. Wir wurden bei der Stader Schanze bei wehender Flagge (das war damals die englische) wieder mit einem Schuß begrüßt, den wir auch mit einem Erkenntlichkeitsschuß erwiderten. Was das für ein Vergnügen war, auf einem drei Meilen breiten Strom, auf dem Schiffe hier und da, von allerlei Nationen lagen, die mit der vorhergehenden Flut Hamburg nicht hatten erreichen können, ist nicht zu beschreiben.

Um halb acht lagen wir schon Stade gegenüber, allein wir konnten wegen der Ebbe nicht einlaufen, und um wieder einigen Anlauf des Wassers zu haben, warteten wir die Gespensterstunde herbei."

Aber als Lichtenberg dann im Stader Hafen ankam, hatte er einen Brummschädel (Wat'n Wunner) – von der verdrießlichen Fahrt die „Schwinge herauf... und von einer Bouteille englisches Bier".

Brunshausen Fährhaus und Elbzollamt um 1850

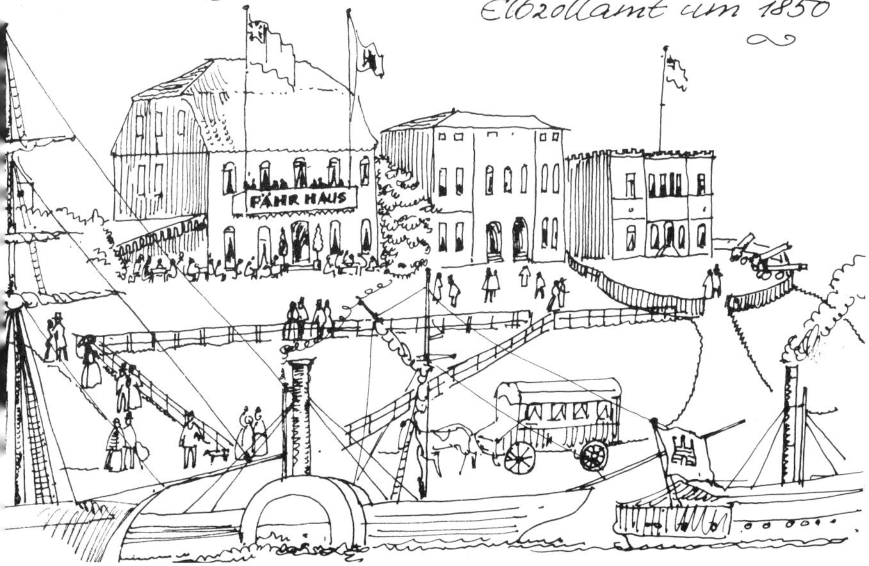

Stade
der alte Hafen
Juli 78

GUSTAV STRUBE

Beim Anblick des Alten Hafens mit dem alten Holzkran wird der junge Professor seinen Kater wohl wieder vergessen haben. Der Stader Ingenieur Hans-Otto Schlichtmann hat nach alten Bildern und Abmessung des Lüneburger Holzkrans Baupläne rekonstruiert. Danach hat Zimmermeister Ernst Schmidt aus Abbenfleth das hölzerne Kranhaus mit Kupferdach, Kranhals und Drehkranz

und dem gewaltigen Mäkler als drehbare Achse wieder aufgebaut. Das wurde möglich durch die Spenden Stader Bürger (Rotary-Club).

Eines Tages soll der Kran auch wieder Lasten heben und senken. Dazu müssen im Kranhaus zwei große hölzerne Treträder von je 4,40 m Durchmesser eingebaut werden. Mit ihrem Körpergewicht

bewegen zwei Treter diese Trommeln und wickeln damit eine Kette auf, an der draußen die Last hängt. Soll ein Kran zum Fleet schwenken, schieben Kranarbeiter an Hebeln ein Drehgestell mit=samt Trommeln, Mäkler und Kranausleger um die Achse. Über der Krantür hat man die alte Inschrift wieder angebracht „Mit Gottes Hülffe. 1661."

Schon lange vor diesem Datum wurde der Hafenkran erwähnt. Mehrfach mußte er neu aufgebaut werden, aber im Jahre 1898 wur=de er nicht wegen Altersschwäche abgebrochen, sondern weil einen Bür=ger das Knarren der Tretmühle störte. So'n Oop! Neben dem Kran wird nun auch die alte, 1743 erneuerte Stadtwaage wiederherge=stellt. Im Erdgeschoß des zweistöckigen Fachwerkhauses wurden Frachtgüter abgewogen, im Obergeschoß war ein großer Saal für Festlichkeiten.

Harry Lüneburg ut Campe vertellt: Nach einem starken Ge=witterregen spielten wir mit Matsch (Als Kind!) Ein Stader Pastor kam vorbei und sagte: „Na Kinder, spielt ihr schön?"
„Ja, wi bot uns'n scheunet Dörp."
„So, so, bekommt euer Dorf auch eine Kirche?"
„Jo, so'een wie Wilhadi."
„Und bekommt die Kirche auch einen Pastor?"
„Mol sehn, wenn noch'n beeten Schiet överblifft."

Der alte Stader Schipper Jan Knüppel konnte sich nicht mit dem Polizisten Blumenberg vertragen. Einmal ranzte der ihn auch mal an. Jan Knüppel stellte sich vor ihm breibeinig hin und ließ einen See durch seine Büxen laufen. Der Udl tobte. Jan Knüppel: In mien Büx kann ich moken wat ick will.

Wenn Jan Tierkadaver zur Abdeckerei fuhr, rief er: „Een Doden un een Lebennigen, een Doden un een Lebennig'n .....
Und wenn er nich gestorben wär, so ruft er es noch heute.

GASTSTÄTT Stadt Brew
FISCHE
STD-Z830
Am Fischmarkt werden vom Auto aus
Fische verkauft Montag und Donnerstag 16 bis ½ 19 Uhr

Hundert Jahre Neuer Hafen

Wer Alt-Stade mit einem Blick umfassen will, muß vom Wasser her kommen, von der Elbe durch die untere Schwinge bis in den Neuen Hafen. (nicht neu, wurde schon im 16. Jahrhundert benutzt.) Als er vor hundert Jahren ausgebaggert wurde, Kais und Kräne erhielt, war mehr Leben als in dem kleinen Hafenbecken als heute. Nur kleine Küstenmotorschiffe bis 500 BRT fahren heute noch die Schwinge aufwärts. Die Entwicklung ist über den Neuen Hafen hinweggegangen. Was die Schiffe bringen, ist nur ein Zehntel der Mengen, die in den neuesten Stader Häfen an der Schwingemündung und Elbe geladen und gelöscht werden. Der Neue Hafen ist ein Idyll geworden, in dessen Wasser sich im Sommer Segelmasten der Wassersportler spiegeln. Fast regelmäßig kommen Holzschiffe aus Finnland, deren Baumstämme zum Sägewerk Hagenah und Borcholte gefahren werden. Bis vor wenigen Jahren wurden die Stämme zu Flößen verbunden

und in den benachbarten Floßhafen gezogen. Hier hielten sich die Stämme frisch, bis sie weiterverarbeitet wurden. Jetzt hat die Wasserlagerung keine Bedeutung mehr, der Floßhafen soll Freizeithafen für Wassersportler werden.

Aus dem alten Lande kommende Besucher haben schon von weitem den massigen Turm der Wilhadi-Kirche vor Augen und fahren zwischen Neuem Hafen und Floßhafen über die Salztorschleuse hinweg. Sie ist erst vor rund 200 Jahren gebaut worden und sollte der Binnenschiffahrt die Durchfahrt zur oberen Schwinge ermöglichen. Im Bereich des Stadtgrabens war das Wasser vorher durch mehrere „Bähren" gestaut, hölzerne Stauwehren, über die das Wasser leicht hinwegfließen konnte.

Ein Kanal nach der Weser

Die Salztorschleuse war als Anfang oder Ende einer Kanalverbindung über Schwinge, Oste und Hamme zur unteren Weser gedacht. Der Schwinge-Oste-Kanal ist auch gebaut worden, aber schnell wieder verschlickt. Oste und Hamme waren schon von dem berühmten Kolonisator des Teufelsmoores, Jürgen Christian Findorff, im 18. Jahrhundert durch einen Torfkanal verbunden worden. Das Ziel der einstigen Hansestadt Stade, Anschluß an das Binnenwasserstraßennetz zu erhalten, scheiterte ebenso wie der Versuch, durch Bau eines großen Hafens zwischen Stade und der Schwingemündung in Brunshausen oder in Twielenfleth an der Elbe mit Eisenbahnanschluß und Trajekt (Eisenbahnfähre) über den Strom wieder eine Seehafenstadt zu werden. Das Königreich Hannover gab Harburg den Vorzug. Vielleicht war das sogar ein Glück für Stade. Hätte es sich schon früher zur Industriestadt mit Großhafen entwickelt, gäbe es heute nicht mehr dieses Bild einer in der Hansezeit geprägten alten Hafenstadt, wie es sich im Alten Hafen zwischen den im Gleichklang mit seinem Wasserlauf schwingenden Giebelzeilen Wasser Ost und Wasser West zeigt, im Fischmarkt mit dem alten Holzkran und dem Gebäude der alten Ratswaage und dem gewichtigen Proviantspeicher aus der schwedischen Besatzungszeit. Sieht man von der Silhouette des „Gasometers" (Gasbehälters) ab, blieb dies malerische Milieu vom technischen Zeitalter unberührt.

Die meistfotografierte „Schokoladenseite" ist der Straßenzug Wasser West. Von der Hudebrücke erfaßt die Weitwinkel-Optik das ganze Bild, wenn die Sonne bis zum späten Nachmittag die Konturen der schönen Patrizierhäuser nachzeichnet. Zwischen den Fachwerkgiebeln drängt sich ein Stück barocker Architektur, das Haus des Bürgermeisters Heino Hintze. Er ließ dem altdeutschen Dielenhaus

ferthor
i/Stade
78

„Bürgermeister-Hintze-Haus". Vor dem Abbruch 1930

aus Klostersteinen und Fachwerk um 1621 die barocke Fassade vorblenden, die noch jeden Besucher entzückte. Als die Stadt das vom Verfall bedrohte Haus um 1930 erwarb und ganz neu aufbauen ließ, mußte die überlieferte Innenarchitektur dran glauben. Hinter der erneuerten Fassade wurden kleine Wohnungen gebaut, in denen es sich heute noch gemütlich wohnt.

Etwas hinter der Linie stehen die beiden Fachwerkgiebel Nummer 19 und 21 mit kleinem Vorgarten, die Goebenhäuser. 1816 kam hier, wie eine Gedenktafel am Eingang erklärt, August von Goeben zur Welt. Sein Vater, Sproß einer alten Kehdinger Familie, verwaltete in Stade das Zeughaus. Obwohl August nur ein Jahrzehnt in Stade verbrachte und schon nach vier Jahren das Athenäum verließ, weil sein Vater nach Celle versetzt wurde, gilt er als der Stadt größter Sohn. Nach seinem Tode 1880 kurz vor der Ernennung zum Generalfeldmarschall nannte ihn Kaiser Wilhelm I. „einen der genialsten Offiziere, die Preußen jemals gehabt hat". Dem engen Freunde Helmut von Moltkes setzte die Stadt im Kriegsjahr 1915 neben dem Rathaus ein Denkmal in Holz nach dem Vorbild des Hamburger Bismarckdenkmals. Wer eine Spende für Siedlungshäuser Kriegsbeschädigter gab, durfte einen silbernen oder goldenen Ziernagel in die Figur schlagen. Nach Kriegsende wurde die Siedlung in der Goebenstraße gebaut, das hölzerne Denkmal aber zweimal versetzt, zuerst zum Wasser West vor das Goebenhaus und 1966 zum 150. Geburtstag des Generals in die nach ihm benannte Von-Goeben-Kaserne.

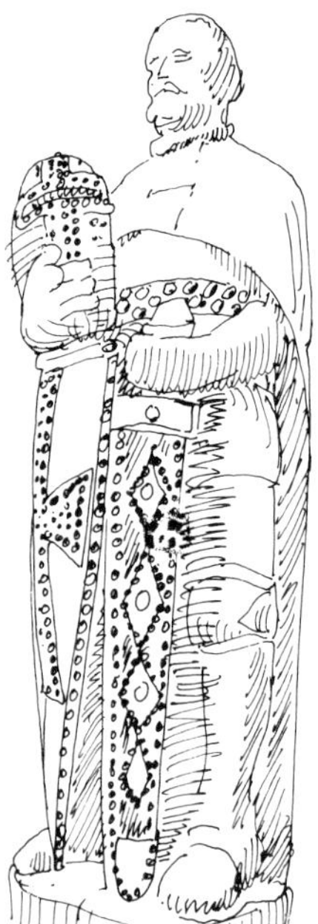

Mühren waren Stadtmauern

Im Straßennamen „Kehdinger Mühren" blieb ein Stück der alten Stadtmauer erhalten. Ursprünglich ein Gang bei der Stadtmauer (wie in Hamburgs „Bei den Mühren") am Kehdinger Tor, bot der Abbruch der Mauer Platz für eine Straße. Das kurze Stück zwischen Kehdinger Straße und Steffenstwiete hieß

im vorigen Jahrhundert „Beim Schauspielhaus", weil hier um 1830 ein Commödienhaus gebaut wurde, das „Schauspielhaus bei der Steffenstwiete". Den Theatersaal gibt es heute noch, er wurde Kinosaal der „Schauburg".
Zur Kehdinger Straße schließt die lange Traufenseite des Eckhauses an, dessen Dach ein kleiner Balkon mit Spitzdach ziert. Dieser Sackaufzug stammt noch aus der Zeit, als der Müller Johann

Friedrich Jacobsen aus Buxtehude hier eine Brennerei und Schankwirtschaft betrieb und sein Sohn eine Dampfmühle bauen ließ, die allerdings nach 25 Jahren wieder einging.

Als gegen Ende des 19. Jahrhunderts die Befestigungsanlagen beseitigt wurden, konnte in Verlängerung der Mühren die Mühlenstraße ausgebaut werden. Sie wurde nach einer schon Anno 1334 erwähnten Wassermühle benannt, deren Gebäude noch erhalten ist. Bis vor einem halben Jahrhundert fuhren Kornschiffe sogar noch bis an die Mühle heran, danach wurde das Mühlenfleet zugeschüttet. Das zweigeschossige Gebäude soll restauriert werden und die Stadtbücherei aufnehmen.

Mit Eis und Schnee
begann das Jahr
dies war der Monat Januar!
11.1.79
Hinterhöfe
zwischen
Schmiede-
und Poststraße

Buursprake war Ortsgesetz

Steffenstwiete – Lämmertwiete – Kleine Bischofstwiete: Im niederdeutschen Twiete steckt das Zahlwort „zwei": Twieten sind besonders enge Wege, die zwei Straßen verbinden (haben noch in der Mitte „Pinkelrinnen"). Wie im Mittelalter in solcher Enge, in der sich nicht nur Menschen, sondern auch Lämmer, Ferkel und Hühner drängten, Ordnung und Sauberkeit erhalten wurden (Umweltschutz), zeigt ein Blick in die „Buursprake". Wörtlich heißt das Bürgersprache. Damit ist die Versammlung der Bürger jährlich einmal vor dem Rathaus gemeint, aber auch die Bürgerpflichten, die ihnen E.E. (Ein Ehrbarer) Rat verkünden ließ. Buurspake war Ortsgesetz, plattdeutsche Gebote des nachbarlichen Wohlverhaltens vom vorsichtigen Umgang mit Feuer und „höflichem Mund" gegen Standespersonen bis zur Sauberkeit:

„Es wurde allerlei Unflat ins Fleet geworfen und gefegt, man soll dasselbige aber so billig wie ein edel köstlich Kleinod dieser Stadt in Ehren halten.
Soll niemand waschen in der Stadt Graben (Burggraben). wer waschen will,

soll solches an der Treppen oder an andern gewöhnlichen Orten des fließenden Wassers tun."

Hinter ihren Häusern bauten die Bürger ihre Schweinekoben dicht am Fleet. Kot und Dreck haben sich in den Straßen oft zu Bergen getürmt: Anno 1650 heißt es, die Beguinen, Stades wohltätige blaue Schwestern, mußten „mit vier Pferden und Wagen fünf Tage lang den Kot vor ihrem Hause räumen lassen".

Hier wohnte Königsmarck

Im Mittelalter hallte es hier von den Hammerschlägen auf Ambosse der Huf-, Nagel- und Wagenschmiede, in der Schwedenzeit wurde die Große Schmiedestraße vornehmer Wohnsitz hoher Regierungsbeamter. In Nr. 23 wohnte der Eroberer Stades und erster Generalgouverneur der Herzogtümer Bremen und Verden, Hans Christoph von Königsmarck (1648–63). Eine Inschrift an dem neuen Hause erwähnt auch den Namen seiner Enkeltochter, der sagenhaft schönen und klugen Aurora, die am Hofe in Dresden Geliebte Augusts des Starken wurde. Drei Generationen dieses brandenburgischen Geschlechts haben, von Stade ausgehend, Europa mit Heldentaten und Skandalen versorgt.

Im Jahre 1840 gründete Friedrich Schaumburg die erste Stader Buchhandlung, die bald von der Hökerstraße zur Großen Schmiedestraße zog. Hier lernte auch Friedrich Bacherätz, bevor er seine eigene Buchhandlung in der Holzstraße eröffnete.

Nächstenliebe geht durch den Magen

Mittelalterliche Armenfürsorge hat sich in Stade wie in kaum einer anderen Stadt in die Gegenwart erhalten. Von mehr als einem Dutzend Gebets- und Rosenkranzbrüderschaften halten noch drei ihre jährlichen Rechnungsfeiern und Liebesmahle nach überliefertem Ritus: Auf der Tafel vor den schwarzgekleideten Herren mit Zylinder stehen kostbare silberne Pokale, Humpen und Becher, und beim Ehrentanz tragen die Schaffer die alten Waffen der Mildtätigkeit, Schüffel und Krönk: mit der Schaufel zogen sie das Brot für die Armen aus dem Backofen, mit der zweizinkigen Gabel, der Krönk, holten sie Schinken und Speck vom Wiemen (dem Räuchergerüst unterm Dach). Beim Liebesmahl wirbeln Papierschnitzel über die Tische: wer sie wirft, muß seine Opfergabe in die Sammelbüchse stecken, deren Ertrag auch heute noch für Bedürftige verwendet wird.

Die Brüderschaftsmahle sind winterliche Höhepunkte Stader Geselligkeit. Früher waren sie an die Pfarreien gebunden: die Pankratiusbrüderschaft an den Sprengel um den Burgberg, die St. Antonii-Brüderschaft für Patrizier, Geistliche, Beamte und den Landadel und die Rosenkranz-Gotteshülfe-Brüderschaft an die Pfarrei St. Cosmae. Alle drei sind vor mehr als 500 Jahren gegründet worden.

Andern Ursprungs ist die Kaufleute-und-Schiffer-Brüderschaft. Sie entstand 1556, als der Stader Kornschiffer Lammert Bone mit zwei bewaffneten See-Ewern

und drei Smacks die Hamburger Zollsperre auf der Elbe durchbrach und mit flandrischem Tuch beladen zurückkehrte. Jubelnder Empfang! Sie verkauften das nicht verbrauchte Kraut und Lot (Pulver und Blei) für 12 Mark und acht Schillinge und stifteten damit „de Kopmann und Schipper-Broderschap - den Armen tom besten". Auch die Schifferbrüder halten alljährlich ihr Liebesmahl ab. Ihre Almosen fließen nicht mehr Türkensklaven, Schiffbrüchigen und alten Seeleuten zu, sondern verschämten Armen. Früher kassierten sie von jeder Last Korn, die ausgeführt wurde, sechs Pfennige. Eine Last wog etwa zwei Tonnen, eine Hamburger und Bremer sogar drei Tonnen.

Peter Menke und die heilige Gertrud

Ganz anders ist die Gesellschaft der Brauerknechte, der die beiden Fachwerkhäuser Nr. 20 und 22 in der Bungenstraße gehören. Die Brauerknechte, vom Schnallenschuh bis zum Dreispitz schwarz gewandet bis auf das weiße Bäffchen lutherischer Pfarrer, fehlen bei keiner Beerdigung. Als sie um das Jahr 1500 den Gertrudenaltar in Hamburg schnitzen und malen ließen, waren sie eine große Gilde der Knechte, die in 89 Häusern das Bier brauten. Heute sind sie auf acht Männer zusammengeschmolzen. Aber das aus den Jahren der Pest stammende Privileg der Totenbestattung haben sie bis heute behalten. Im Jahre 1590 verlor die Stadt drei ihrer vier Bürgermeister durch die Seuche, von den neugewählten raffte die Seuche 1605, als „Knechthausen" in der Bungenstraße gerade gebaut war, wieder drei Bürgermeister hin. Im Dreißigjährigen Krieg sollen an die 800, bei der dänischen Belagerung 1712 etwa 1600 Stader der Pest zum Opfer

gefallen sein. Brauerknechte schienen immun gegen die Ansteckung. Die Toten wurden in Pestkuhlen in den Kalkgruben außerhalb der Stadt begraben.

Niemand wollte die Pestkranken, Todgeweihten anfassen. Da soll Brauerknecht Peter Menke auf Bitten der Meistertochter Gertrud seine Zunftbrüder bewogen haben, die Toten aus der Stadt zu schaffen.

Einmal im Jahr dürfen sie lustig sein. Dann feiern sie Fastnacht im Rosenort, ihrem Saal in Knechthausen. Vorher wird die bekränzte Figur des Peter Menke in die Luke im Obergeschoß des Hausgiebels

Ein Brauerknecht kommt von der Beerdigung i Stade Nov. 78

gestellt und die Schutzheilige Gertrud mit einem schwarzen Tuch bedeckt, damit ihren Augen das närrische Tun ihrer Knechte verborgen bleibt. Früher machten sie noch Fastnachtumzüge, bei denen sie Neulinge mit Schwingewasser tauften. Auf dem Bierfaß müssen Neulinge heute noch den alten Eid schwören: „De Doden to holen, dat mag sien bi Dag oder Nacht, dat mag sien vörn Krankheit dat will, ob rode Ruhr hitzig Feber oder Pestilenz." Darauf nehmen sie einen Schluck Eierbier.

So nebenbei hüüd!

Rezept für Eierbier: Eier in Zucker schaumig rühren, etwa eine halbe Stunde. Bockbier kochen und mit Kaneel und Zitronenschale würzen, den Eierschaum tropfenweise langsam einrühren. Denn suup man to!

Läden ohne Verpackung geiht ok so.
Bank
Beguinenstraße i/Stade 78

Die Beguinenstraße beim Pferdemarkt erinnert an ein Haus für „blaue Süsters", das hier schon im 13. Jahrhundert gebaut wurde. In das Beguinenhaus kauften sich ledige Töchter Stader Bürger ein, ohne Nonnen zu werden. Nach holländischem Vorbild widmeten sich die blauen Schwestern, wie sie nach der Farbe ihrer Tracht hießen, sozialen Aufgaben wie Krankenpflege und Totenwachen. Für die Kirche waren die Beguinen der Ketzerei verdächtig. Nach der Reformation hörte ihre Gemeinschaft auf zu bestehen. Das Haus wurde Heim für alte Frauen und Hospital und bei der dänischen Belagerung 1712 zerstört und nicht wieder aufgebaut.

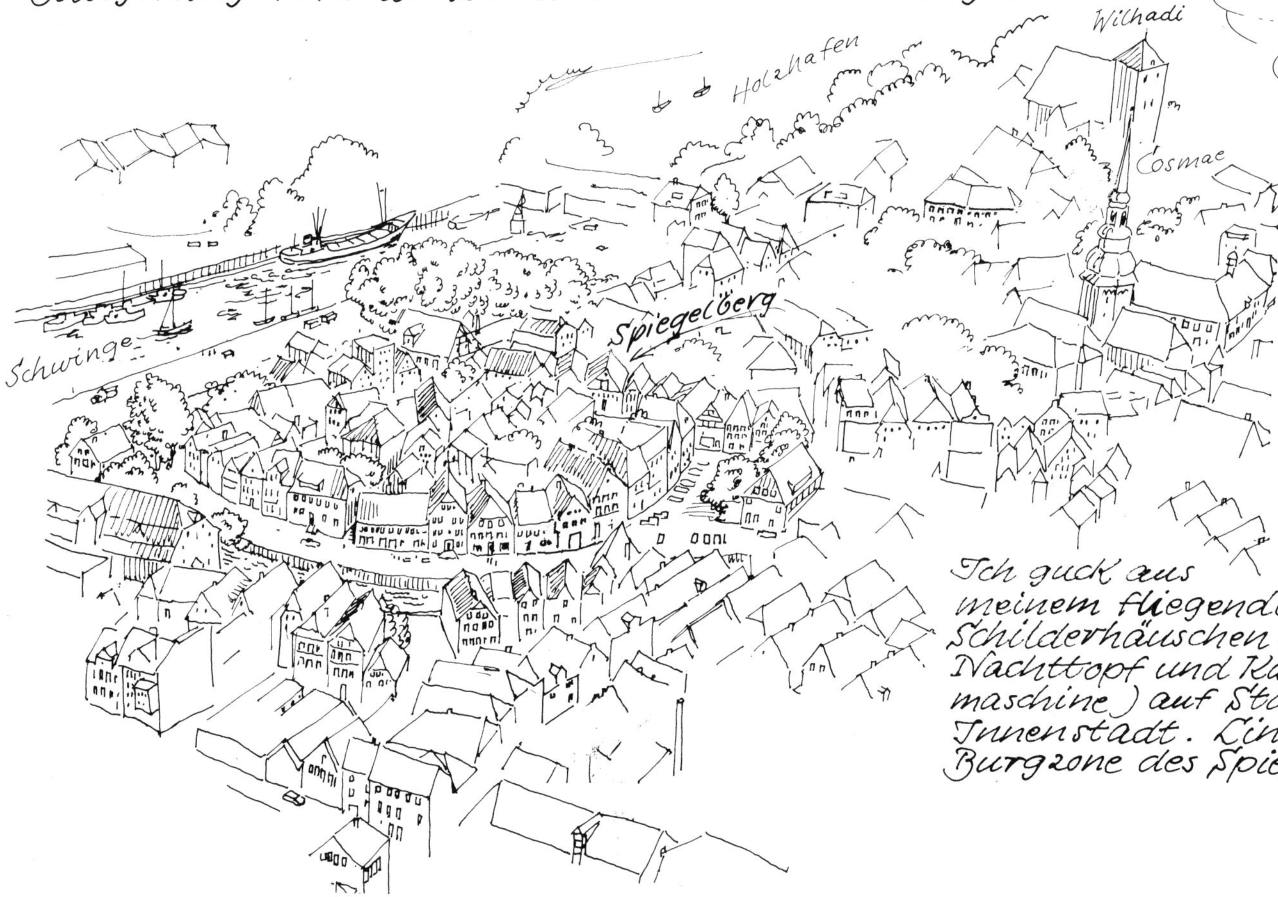

Ich guck aus meinem fliegenden Schilderhäuschen (mit Nachttopf und Kaffeemaschine) auf Stades Innenstadt. Links die Burgzone des Spiegelberges.

Versalzene Straßennamen

Nirgends in ganz Norddeutschland gibt es so gesalzene Straßennamen wie in Stade. Eines der fünf Stadttore und eine der wichtigen Ausfallstraßen zum Hafen wurde schon im Mittelalter nach den weißkristallenen Bodenschätzen aus Stades Untergrund benannt: Salztor und Salzstraße. Später folgten dann Beim Salztor, Salztorsbrücke, Salztorschleuse, Salztor-Ravelin, Salztor-Contrescarpe. Stadthistoriker erklären den Namen mit dem Salzhandel Lüneburgs. Das im ganzen Mittelalter kostbare Handelsprodukt müßte demnach auf dem Landwege von Lüneburg nach Stade transportiert, in Speichern an der Salzstraße gelagert und im Hafen auf Schiffe nach den Nordseehäfen verladen worden sein. Der Salzhandel war bedeutend; denn andere Städte, die Lüneburger Salz verschifften, wie Hamburg und Lübeck, haben keine Salzstraße. Stades Salzstock wurde erst 1873 angebohrt. Beweise für eine mittelalterliche Stader Saline gibt es nicht, nur Überlieferungen, nach denen Camper Bauern sich darüber ärgerten, daß ihr Brunnenwasser oft versalzen war.

GASTSTÄTTE
Bier
NUR FÜR GÄSTE
P
Eis-Café Behrens
Salz-Straße

Lateinschule auf dem Klosterberg

Der Pferdemarkt ist neben dem ursprünglich bischöflichen Markt Am Sande und dem Fischmarkt Stades dritter großer Platz und ein Brennpunkt für Wirtschaft und Verkehr, der hier bis ins Herz der Altstadt drängt. Banken und Sparkassen umsäumen das städtebaulich attraktive Viereck „uppe sunte Juriens berghe": auf St. Georgs Berg. Hier stiegen mit der Postkutsche angereiste Gäste im Zevener oder Lüneburger Hof ab, spannten Marktbesucher aus. Wo die Goos vom Pferdemarkt abzweigt, kontrastiert Stades ältestes Bäckerhaus mit dem ehemals kaiserlichen Postamt, dessen postalische Backsteingotik nach Umzug der Post zum Bahnhof Fernsprechtechnik beherbergt. Ein Stück Schwedenzeit beherrscht den ganzen Platz: das Zeughaus mit dem Portal, das die Krone des Schwedenkönigs Carl XII. ziert. Der 1698 errichtete verputzte Backsteinbau ist als Waffen- und Geschützmagazin auch noch in hannoverscher und preußischer Zeit benutzt worden. Nach dem 1. Weltkrieg wurde er nacheinander Markthalle, Jugendherberge, städtische Lagerhalle und 1952 Lichtspieltheater (ach segg doch Kienpott). An das einstige Arsenal erinnern nur zwei dickmäulige Mörser, die den Eingang flankieren.

Zeughaus und Stadtsparkasse stehen über dem Baugrund der ehemaligen Kirche des St. Georgsklosters. Dessen Bewohner, Prämonstratenser, sollen im 12. Jahrhundert den

Pferdemarkt
HH 78
Herbst
Jedesmal regent dat in Stade wenn ik da bin
ZEUGHA
SCHULBUS

Ziegelbau und den Altländer Obstbau eingeführt haben. Sie und die Benediktiner des dritten Stader Klosters, St. Marien in Campe, waren um die geistige Bildung der Stader Jugend besorgt. Aus der Schule des Georgsklosters ging die Lateinschule hervor, die nach der Reformation als Gelehrtenschule ausgebaut wurde und den heutigen Namen Athenäum (Anno 1588) erhielt. Das zweigeschossige Fachwerk-Schulgebäude war bis 1901 Gymnasium und danach

Altersheim, das „Peter-Harms-Stift". Es wurde erst vor wenigen Jahren abgerissen, um für den Kaufhaus-Neubau Platz zu machen. Schade.

Als die Schwarze Garde kam

Das Marienkloster im Vorort Campe wurde wenige Jahre nach St. Georg gestiftet und mit Benediktinern aus dem Kloster Harsefeld besetzt. Bis auf die Flurbezeichnung „Benedixland" ist von den Klosterbauten nichts mehr erhalten, um so mehr aber an schriftlicher Überlieferung und spektakulären Klostergeschichten. Auf angebliche Reliquien, Übrigbleibsel der Kreuzigung Christi, müssen die Benediktiner viel gegeben haben. Sie hatten in Kristallgläsern Blut Christi

SATTELMACHER
C. HUDEMANN

und Milch seiner Mutter Maria, ferner Nagel-Splitter und Holz vom Kreuz von Golgatha und den Arm eines Märtyrers, des Abtes Ansverus vom Kloster Georgenberg bei Ratzeburg, der bei der Heidenmission gesteinigt worden war.

Im Jahre 1499 mußten die Mönche ihre Bauten in Campe abbrechen und in die Stadt flüchten: Die „Schwarze Garde", ein Heerhaufen von 6000 Mann aus Ostfriesland, brandschatzte die Klostergüter im Erzbistum Bremen.

Die Benediktiner erhielten vom Georgskloster die Heiligen-Geist-Kapelle und einige Hausgrundstücke Am Sande. Ihr Gotteshaus wurde im 17. Jahrhundert Garnisonkirche der Schweden. Zwei berühmte Königsmarcks wurden hier 1691 mit feierlichem Pomp aufgebahrt: Otto Wilhelm, Sohn des Generalgouverneurs Hans Christoph, und sein Vetter Karl Johann. Beide starben im Dienste Venedigs im Kampf gegen die Türken in Griechenland. Venedig ehrte Otto Wilhelm durch ein Denkmal im Marine-Hafen der Lagunenstadt.

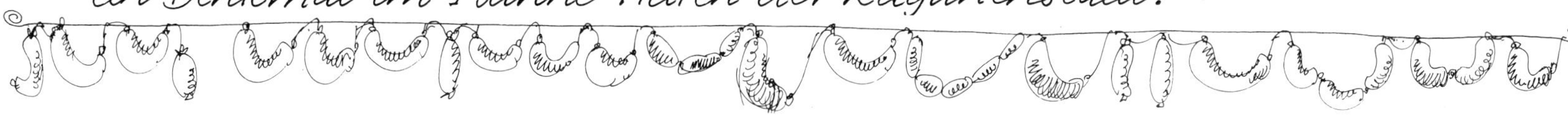

Heinrich und Friedrich Biedenweg besuchten 1826-30 das Athenäum. Als Friedrich zwei Jahre in einer Klasse blieb und die Eltern ungeduldig wurden, schickten sie dem Direktor auf Anraten des Pastors einen Schinken und eine Wurst. Kurze Zeit später wurde auch Friedrich in die Selekta versetzt. (Selekta = Begabtenklasse.)

Wilhelm Christian Schröder (1808-78), der das Märchen vom Wettlauf zwischen Hasen und Swinegel verfaßte und 1824-27 das Athenäum besuchte, hatte Ähnliches in der Volksschule erlebt: Der kleine Swinegel bekam zur Einschulung eine Wurst mit für den Lehrer. Nach der Stunde fragte der Lehrer: „Habt ihr noch mehr Würste zu Hause?" Swinegel: „Ja, wir haben noch den ganzen Wiemen voll." Lehrer: „So, na, dann grüße deinen Vater und deine Mutter von mir und sag ihnen, ich hätte gesagt, aus dir sollte wohl was werden, du wärst noch lange der dümmste nicht.

Das Neue ist nicht immer das Rechte
und das Alte nicht immer das Schlechte

Freilichtmuseum auf der Insel

Eines der neun Bastionen (Bollwerke) und neun Ravelins (Vorwerke) der einstigen Schwedenfestung Stade ist das Bleicher-Ravelin, wie alle Vorwerke vom Wasser des Burggrabens umspült. Es blieb als Insel erhalten, und für Besucher der Stadt bietet es auf dem Spaziergang

FLETT U. DIELE
FREILICHTMUSEUM STADE
C. HUDEMANN-SCHWARTZ 1978

in den ehemaligen Wallanlagen ein vielbesuchtes Ausflugsziel. Hier hat der Stader Geschichts- und Heimatverein 1912 eines der ersten norddeutschen Freilichtmuseen eingerichtet. Ein Geestbauernhaus aus Varel bei Scheeßel wurde als beliebte Gaststätte eingerichtet. Eine alte Bockwindmühle wurde in Rethmar bei Lehrte abgebaut und auf der Insel wieder aufgerichtet. Viele solche Windmühlen standen einmal vor den Stadtwällen, eine hieß die Rote Mühle, hat es aber nicht mehr zur Moulin rouge gebracht.

Ein 1733 gebautes Bauernhaus aus Huttfleth in Steinkirchen ist ein Musterbeispiel Altländer Hausbaukunst, wie man es heute nicht mehr findet. Wer es betritt, kommt in eine Behausung, in der alles noch so steht, wie es die letzte Bewohnerin 1913 nach ihrem Tode hinterließ.

Bei der Insel gibt es eine Bootsvermietung. Alt-Stade läßt sich auf grünen Wallanlagen umwandern und im Boot zum größten Teil umfahren. Der Bootsvermieter hat seine Bootsschlengel an der alten Königsmarck-Bastion. Von da führen stille Wanderwege über die Schiffertorstraße zur Georgs-Bastion (König Georg III. von Hannover) und zur Wrangel-Bastion (Generalfeldmarschall Schwedens 1613-76) mit der Jugendherberge. Am gegenüberliegenden Ufer des Burggrabens, der Schiffertors-Contrescarpe, kann man zur Insel zurückgehen. Zwischen Insel und Bahnhof ist der Stadtgraben begradigt und kanalisiert, aber an beiden Ufern von alten Bäumen gesäumt. Eine schöne Aussicht ins Alte Land und auf Stades Wasserseite bietet die Güldenstern-Bastion, unter der Stades Burggraben in den Floßhafen mündet.

Schwedischer Reiter
um 1650
Die Brautkrone
Altenländer Tracht
Festtracht mit hohem Scheiddok
Volltrauer
bitte nicht berühren!
Brust Harnisch 1680
Aus Stader Museen mal ankieken!
Arbeitstracht
Hiddemann 1978

Ausflug durch Stader Geschichte

Zum mühelosen Spaziergang durch Stades Vorzeit und Geschichte ladet das Museum im Schwedenspeicher. Im Erdgeschoß werden wechselnde Ausstellungen gezeigt. Im zweiten Stock sind Grabungsfunde zu anschaulichen Gruppen zusammengestellt, die menschliches Leben in der Steinzeit, in der Bronze- und Eisenzeit bis in die Frühgeschichte der ersten neun Jahrhunderte nach der Zeitwende nachweisen, als nacheinander Chauken, Langobarden und Sachsen in und um Stade siedelten. Die reichen Funde hat der 1856 gegründete „Verein für Geschichte und Altertümer der Herzogtümer Bremen und Verden und des Landes Hadeln", der jetzige Stader Geschichts- und Heimatverein, in über hundert Jahren zusammengetragen.

„Seine Prunkstücke sind vier 3000 Jahre alte Wagenräder aus Bronze, die 1919 bei Ausschachtungsarbeiten an der Goebenstraße entdeckt wurden. Drei Räder waren zerbrochen und sind kürzlich restauriert worden. Sie gehörten vielleicht zu einem Kultwagen. Die Räder sind je zwölf Kilogramm schwer und haben einen Durchmesser von 58 Zentimetern. Kostbare, weil seltene Funde sind auch ein Feuersteindolch mit Lederscheide und steinzeitlichen Stoffresten aus Wiepenkathen und Schwerter aus der Wikingerzeit.

Im ersten Geschoß wird Stadtgeschichte vom neunten Jahrhundert über die Hansezeit, die schwedische Besatzung 1645–1712 bis ins 19. Jahrhundert präsentiert. Drei Stadtmodelle veranschaulichen die Entwicklung Stades vom 16. bis zum 18. Jahrhundert. Militärische Uniformen und historische Waffen, Stader Siegel und Wappen, Zunftpokale und seit dem 10. Jahrhundert in Stade geprägte Münzen runden die Kulturchronik ab.

Über bäuerliche Volkskunde in Marsch und Geest informiert das alte Museum des Vereins an der Inselstraße 12, gegenüber der Insel. Neben kirchlicher Kunst und Worpsweder Malerei ist eine umfangreiche Altländer Trachtensammlung ausgestellt.

Stadersand – Stader Sand

Wer in Stade nach dem Sand fragt, bekommt viele Antworten. Stades alter Marktplatz beim Bischofshof heißt so, weil er einmal sandig und ungepflastert war wie die Sande in Harburg und Lüneburg. Stadersand aber ist Stades Vorhafen an der Schwingemündung, Anlegeplatz für Hamburger Ausflugsschiffe und Ausguck für Stader Bürger auf den Strom und die dicht am Ufer vorüberfahrenden Seeschiffe und Ozeanriesen, auf die grüne holsteinische Uferlinie und die neuen Industriereviere beiderseits der Schwinge.

Stader Sand jedoch heißt eine Insel, die von der Elbe im Laufe von Fahrhunderten vor der Schwingemündung abgelagert wurde, einer jener vielen Elbsände, die den Strom an beiden Ufern von Hamburg nach Cuxhaven begleiten.

Immer wieder mußten die Stader durch immer neuen Sand der Schwinge ein Bett an die Elbe baggern, um eine Seehafenstadt zu bleiben: im Mittelalter schon durch den Breddenflether Sand. Am Ende des Durchstichs errichteten sie ihr Zollhaus aus rotbraunem Backstein, des Rats „brunes Hus"; daraus wurde Brunshausen. Am Anfang des vorigen Jahrhunderts folgte ein neuer Durchstich, das heutige Stadersand entstand.

Zum Schutz ihrer Schiffahrt und gegen Übergriffe der Dänen in Holstein und der Hamburger wurde eine Schanze aufgeworfen und mit Geschützen bestückt, die Schwingeschanze. Sie wurde durch ein Soldatenlied in ganz Deutschland bekannt: „Ein Schifflein sah ich fahren......" Darin waren geladen drei brave "Kompanien Soldaten des

15. hannoverschen Regiments, die auf Gibraltar englische Truppen für den Krieg gegen die unbotmäßige Kolonie Nordamerika freimachen sollten. Der Segler Polly mußte wegen Sturms auf der Nordsee umkehren. Um die Soldaten bei guter Laune zu halten, dichtete der Regimentsarzt das Tanzlied mit dem Refrain: „Wo sollen die Soldaten tanzen? Zu Stade auf der Schanzen, da sollen die Soldaten tanzen....." Später wurde in Stadersand die neue Schwingeschanze neben dem Zollgebäude gebaut, wo bis 1862 der Elbzoll erhoben wurde.

1924 wurden Brunshausen und Stadersand nach Stade eingemeindet, seitdem liegt Stade direkt an der Elbe. Mit Bützfleth, dem 850 Jahre alten Kirchdorf Südkehdingens, und dem Bützflether Sand, das beides 1972 zu Stade kam, war der Weg zum neuen Industriegebiet frei.

Wie die Saline am rechten Schwingeufer holt Dow Chemical zur Sole

Skizze vom „Elbanleger Bützflethersand vor dem VAW-Elbewerk“

gelöstes Salz aus der Tiefe bei Harsefeld an die Elbe. Aus Salz wird Chlor und Natronlauge.

Im Oxidwerk der Vereinigten Aluminiumwerke (VAW) wird aus importiertem Aluminiumerz (Bauxit) weiße Tonerde gemacht, die in riesigen Schmelztiegeln des VAW-Elbewerks durch Elektrolyse (che= mische Zersetzung mit elektrischem Strom) zu Aluminium ver= hüttet wird. Am 900 Meter langen Elbanleger Bützflether Sand des Landes Niedersachsen werden Rohstoffe und Produkte für Dow und VAW verladen und gelöscht – fast drei Millionen Tonnen im Jahr.

Die Energie liefern das Ölkraftwerk Schilling und das Kernkraft= werk Stade rechts der Schwingemündung, deren 220 Meter hoher Schornsteinturm und Hochspannungsmasten Schiffsbesatzungen aus aller Welt schon von weitem als Wahrzeichen grüßen: Hier ist Stade.

Bis an die riesigen Beine dieser höchsten Strommasten der Welt erstrecken sich die Obstwälder des Alten Landes. Seine Hauptverkehrsader, der Obstmarschenweg, führt durch ein Spalier von Millionen im frühjahr blühender Kirschen-, Pflaumen-, Birnen- und Apfelbäume, durch langgestreckte Marschhufendörfer mit gepflegten Bauernhäuser und Vorgärten und prächtigen Dorfkirchen.

Vor den Toren von Stade liegen Hollern und Twielenfleth, ein Lotsendorf mit hübscher Schifferkirche und einer gut erhaltenen Turmwindmühle, „Venti amica" (Geliebte des Windes). Außerhalb des Deiches am Elbufer bietet das Fährhaus Aussicht auf den Schiffahrtsweg.

Königsmarck-Schloß Agathenburg

Einen weiten Blick auf die grünen Baumgärten und die Elbe bis nach Hamburg ließ sich Schwedens Stader Statthalter Hans Christoph von Königsmarck bauen: das Schloß Agathenburg im gleichnamigen Stader Vorort. Die Geestrandsiedlung hieß ehemals Lieth (= Abhang) und erhielt den neuen Namen nach dem Herrensitz, den der deutsche Graf in schwedischen Diensten nach seiner Frau Agathe von Lehsten benannte.

1879 gingen Gut und Herrenhaus in Besitz der Familie zum Felde über. Sie ließ das 1921 ausgebrannte Schloß wieder herrichten und hält es als Gedächnisstätte der Familie Königsmarck. Alte Stiche und Bilder an den Wänden erinnern an Hans Christoph von Königsmarck, der als einer der reichsten Männer Europas galt und seinen Kindern und Enkeln ein fürstliches Leben ermöglichte. Agathenburg erbte sein Sohn Konrad Christoph nach dem Tode des Vaters 1663. Er fiel als General vor Bonn 1673 im Kampf gegen die Franzosen. Von seinen Kindern sprach Europa: Der älteste Sohn Karl Johann wurde wie sein Onkel Otto Wilhelm im Kampf gegen die Türken in Griechenland von Krankheit dahingerafft. Bruder Philipp Christoph war Geliebter der hannoverschen Kurprinzessin Sophie Dorothea, der späteren Prinzessin von Ahlden, und wurde 1894 von Höflingen im Leineschloß ermordet. Seine Schwester Maria Aurora reiste nach Dresden an den Hof Augusts des Starken, um nach dem lange unbekannt gebliebenen Schicksal ihres Bruders Philipp zu forschen, und wurde Geliebte des Kurfürsten. Sie gebar ihm einen Sohn, den berühmten Marschall Moritz von Sachsen, und starb als Priorin in Quedlinburg. Voltaire nannte sie eine der denkwürdigsten Frauen zweier Jahrhunderte. Ihre dichterischen Gaben trugen späte Früchte: Ihre Ururenkelin war die Schriftstellerin Aurore Dupin, bekannte und bedeutende Literatin unter dem Künstlernamen George Sand.

KÖNIGSMARCK

Aus einem alten Wappenbuch

In de Dörpstroot
„In der Loye" in Dudenbüttel
Oktober 1978
„Kartüffelauktied
'n lütten Ausflug!

Müller in Grefenmoor

Auf halbem Wege von Stade nach Düdenbüttel steht das Ortsschild „Grefenmoor". An der Bundesstraße 73 lädt die Mühlenschenke zur Rast ein, abseits der Straße liegt auch die Mühle: Land- und Gastwirtschaft des Müllers Peter Schultz und seine Holländermühle stehen einsam in der Gemarkung, deren Flurnamen auf einst staatlichen Besitz hindeutet: Erst 1830 wurde das staatliche Gräfenmoor durch zehn Kolonisten besiedelt, die den Ortsteil Weißenmoor bildeten. Auf diesen einstigen Flachmooren zwischen Schwinge und Oste bauten die Siedler Buchweizen an.

Hof und Mühle Grefenmoor sind über 200 Jahre alt. In den Turm des Galerieholländers schlug im 19. Jahrhundert dreimal der Blitz ein. Obwohl nach 1945 auf elektrischen Betrieb umgestellt, ist die unter Denkmalschutz stehende Mühle die einzige intakte Windmühle im Kreis Stade. Bis 1944 fuhr der Müller jede Woche nach Düdenbüttel und holte Korn von den Bauern und brachte innen Mehl und Schrot dafür. Jetzt mahlt Peter Schultz nur noch für den eigenen Bedarf.

Bei der Grafenmoor Mühle
Oktober 78 Hudemann
Bi de Kantüffelaute

INHALTSVERZEICHNIS

Gesamtherstellung Clausen & Bosse, Leck
Lithos: Gries KG, Ahrensburg
ISBN 3-7672-0612-9
Printed in Germany 1979

Quellen

Mehr über Stadtgeschichte im Niedersächsischen Staatsarchiv Stade, dessen Leiter, Dr. Heinz-Joachim Schulze, ich für die freundliche Durchsicht meiner Texte danke.
Dort bietet die Bücherei des Stader Geschichts- und Heimatvereins u. a. die Stader Jahrbücher mit Beiträgen des ehemaligen Stadtarchivars Dr. Bernhard Wirtgen und die »Geschichte der Stadt Stade« von W. H. Jobelmann und W. Wittpenning (1869–75).
Neuere Quellen außerdem:

Handbücher der historischen Stätten Deutschlands, Band 2, Stuttgart 1960
B. Wirtgen: Das Stader Rathaus, Stade 1975
Stader Hand- und Reisebüchlein, Stade 1961
Die Stader Straßen, Plätze, Brücken und Bastionen, Stade 1959
H. Wohltmann: Die Geschichte der Stadt Stade an der Niederelbe, Stade 1956
Jürgen Bohmbach: Vom Kaufmannswik zum Schwerpunktort, Stade 1976
Kurt Ihlenfeld/Else Alpers: Stader Bilderbogen, Stade 1967

Stade
Blick aus dem CHINA-RESTORANT
auf die Kleine Schmiedestraße
78